THE BEST OF COLDPLAY

2   Amsterdam

8   Clocks

14 Don't Panic

16 Everything's Not Lost

20 Green Eyes

25 In My Place

28 Rush of Blood
    (A Rush of Blood to the Head)

38 The Scientist

35 Sparks

42 Trouble

47 A Warning Sign

52 Yellow

Front cover photo by Ilpo Musto/LFI IM

ISBN 0-634-06822-9

HAL•LEONARD®
CORPORATION

7777 W. BLUEMOUND RD. P.O. BOX 13819 MILWAUKEE, WI 53213

This book © 2003 by Wise Publications

Amsterdam

Words & Music by Guy Berryman,
Jon Buckland, Will Champion & Chris Martin

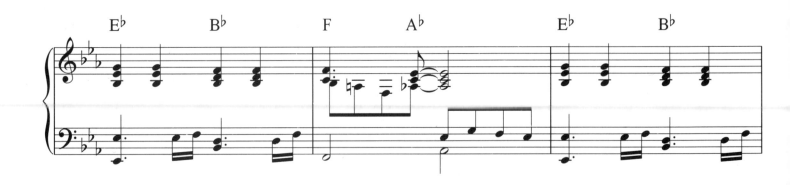

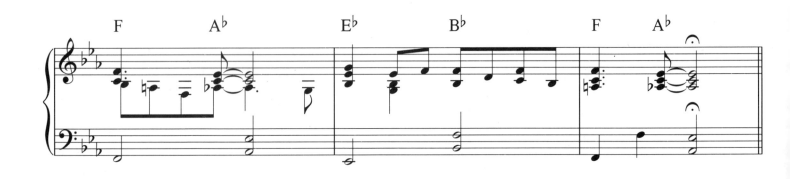

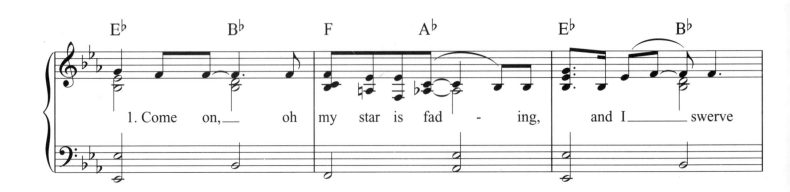

1. Come on,___ oh my star is fad - ing, and I___ swerve

out of con-trol.___ If___ I'd, if I'd on-ly wait - ed,

I'd not be stuck here in this___ hole.___

2. Come___ here, oh my star is fad - ing,___
3. Come___ on, oh my star is fad - ing,

and I_____ swerve out of con - trol._____
and I_____ see no chance of re - lease._____

Clocks

Words & Music by Guy Berryman,
Jon Buckland, Will Champion & Chris Martin

♩ = 130

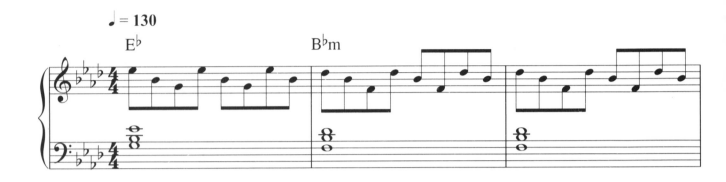

1. The

com - pares, _____

and no - - - thing else

com - pares, _____

Don't Panic

Words & Music by Guy Berryman,
Jon Buckland, Will Champion & Chris Martin

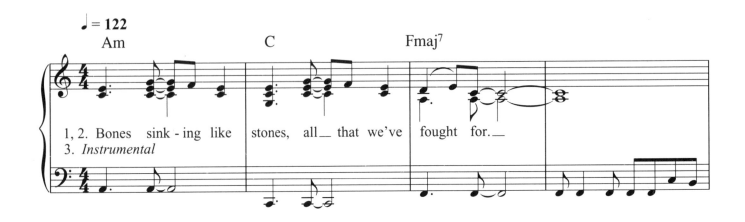

1, 2. Bones sink-ing like stones, all__ that we've fought for.__
3. *Instrumental*

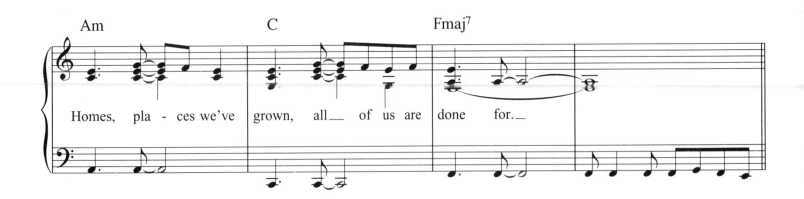

Homes, pla-ces we've grown, all__ of us are done for.__

And we live in a beau-ti-ful world.____ Yeah we do,__ yeah we do.__

__ We live in a beau-ti-ful world.__

Oh, all__ that I know, there's no-thing here to run from;__ 'cause

yeah, ev-'ry-bo-dy here's got some-bo-dy to lean on.__

Everything's Not Lost

Words & Music by Guy Berryman,
Jon Buckland, Will Champion & Chris Martin

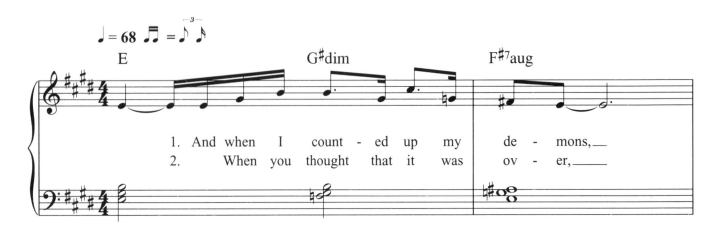

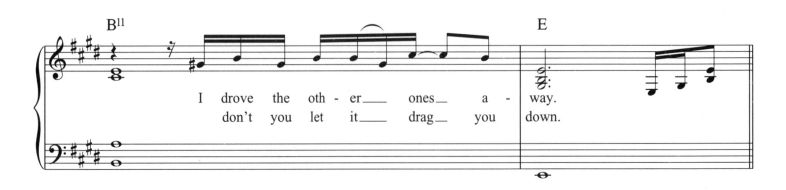

Green Eyes

Words & Music by Guy Berryman,
Jon Buckland, Will Champion & Chris Martin

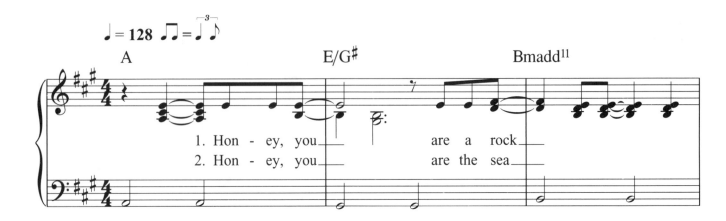

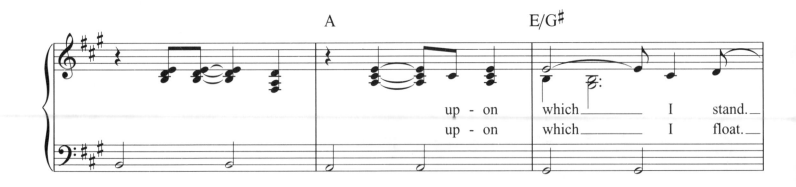

be out of their____ mind._____

de - ny_____ you?_____

Be - cause I

came here with___ a load,_____ and
came here with___ a load,_____ and

it feels so_____ much light - - - - er____
it feels so_____ much light - - - - er____

_____ now I met___ you._____
_____ since I met___ you._____

In My Place

Words & Music by Guy Berryman,
Jon Buckland, Will Champion & Chris Martin

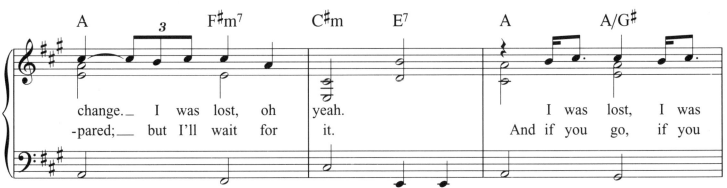

1. In my place, in my place were lines that I could - n't change. I was lost, oh yeah.
2. I was scared, I was scared, tired and un - der pre - pared; but I'll wait for it.

And if you go, if you

A Rush Of Blood To The Head

Words & Music by Guy Berryman,
Jon Buckland, Will Champion & Chris Martin

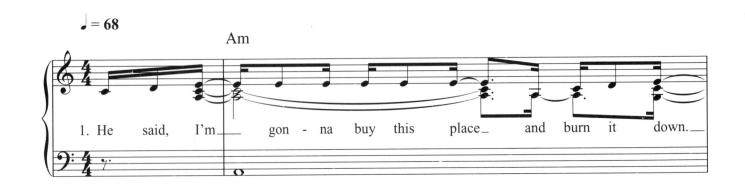

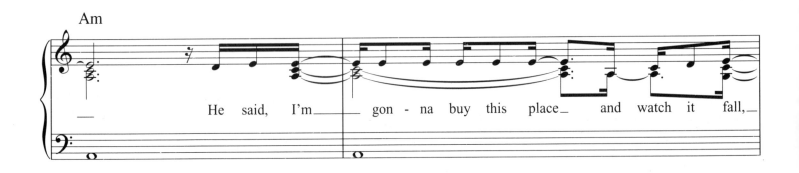

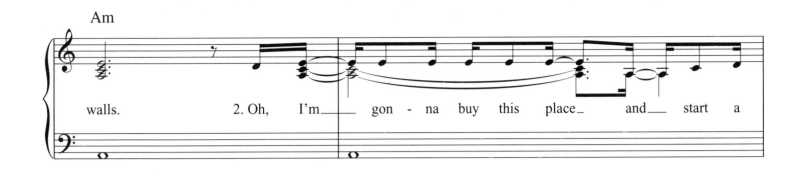

walls. 2. Oh, I'm gon - na buy this place and start a

fire. Stand here un - til I fill all your heart's de -

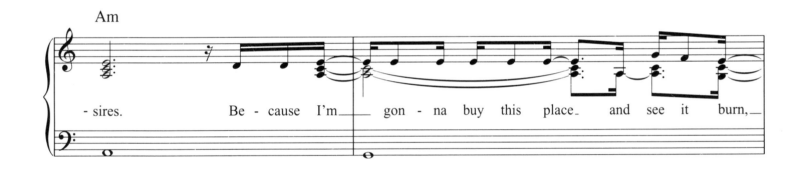

- sires. Be - cause I'm gon - na buy this place and see it burn,

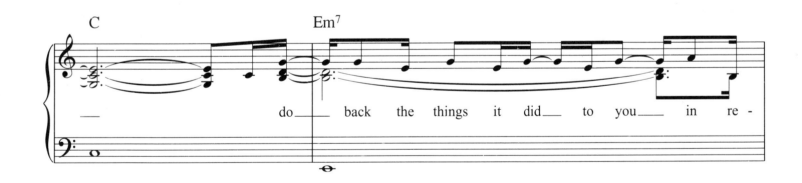

do back the things it did to you in re -

- turn. Ha,

And they call___ as they beck - on you on.___

They said start___ as you mean___ to go on.___

Start as you mean to go on.___

4. He said I'm___

gon - na buy this place and see it go. Stand

here be - side me, ba - by, watch the or - ange glow.

Some will laugh, and some just sit and cry; but you

just sit down there and you won - der why. So I'm

So meet me by the bridge, oh meet me by the lake.

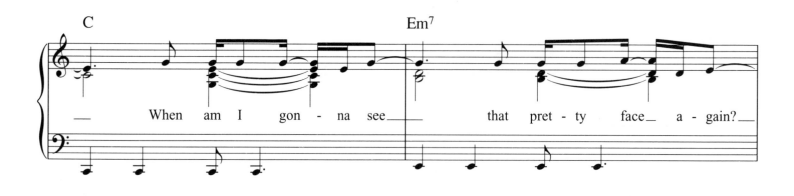

When am I gon - na see ___ that pret - ty face __ a - gain? __

Oh, meet me on __ the road, ____ oh, meet me where __ I

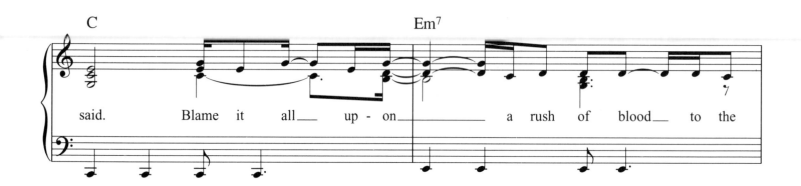

said. Blame it all __ up - on ____ a rush of blood __ to the

head.

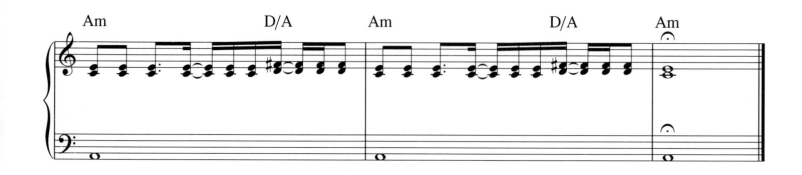

Sparks

Words & Music by Guy Berryman,
Jon Buckland, Will Champion & Chris Martin

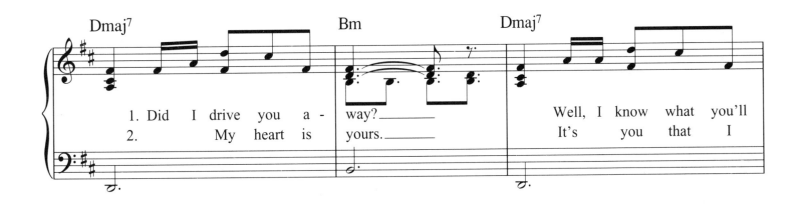

The Scientist

Words & Music by Guy Berryman,
Jon Buckland, Will Champion & Chris Martin

1.

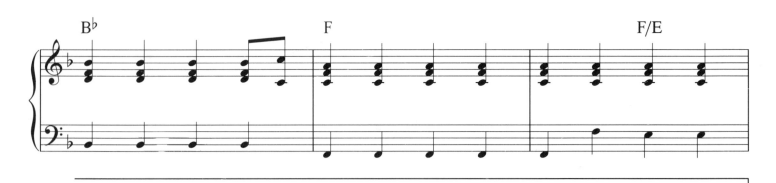

2.

Oh take me / I'm go - ing back to the start.

Trouble

Words & Music by Guy Berryman,
Jon Buckland, Will Champion & Chris Martin

1. Oh no, I see a spi-der web is tang-led up with me. And I lost my head, and

thought of all___ the stu-pid things___ I'd said.

2. Oh no, what's
3. Oh no, I

this? A spi-der web,___ and I'm caught in the mid-dle.
see a spi-der web,___ and it's me in the mid-dle.

So I turned_____ to_____ run, and
So I twist_____ and____ turn, but

44

Em   F#m   Gmaj7   F#m   Em   F#m

They spun a web for me,___ and they spun a

Gmaj9   F#m   Em   F#m   Gmaj7   F#m

web for me,___ and they spun a web for

Em   G   Em7

me.

Bm7   G   Em7   Bm7

G   Em7   Bm7   G   Em7   Bm7

Warning Sign

Words & Music by Guy Berryman,
Jon Buckland, Will Champion & Chris Martin

48

Yellow

Words & Music by Guy Berryman,
Jon Buckland, Will Champion & Chris Martin

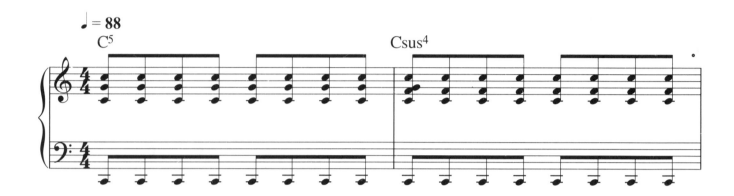

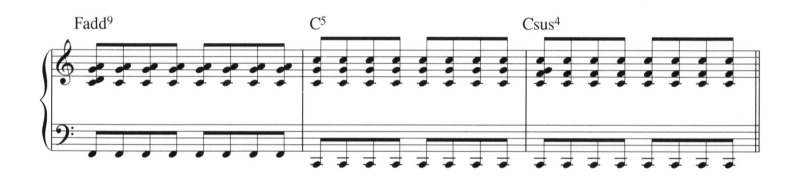

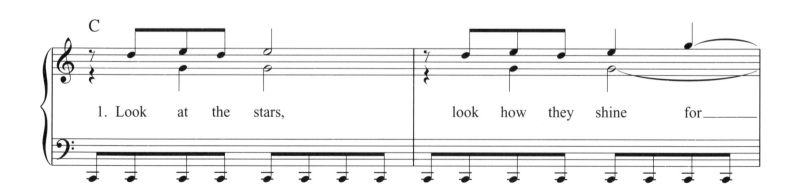

1. Look at the stars, look how they shine for____

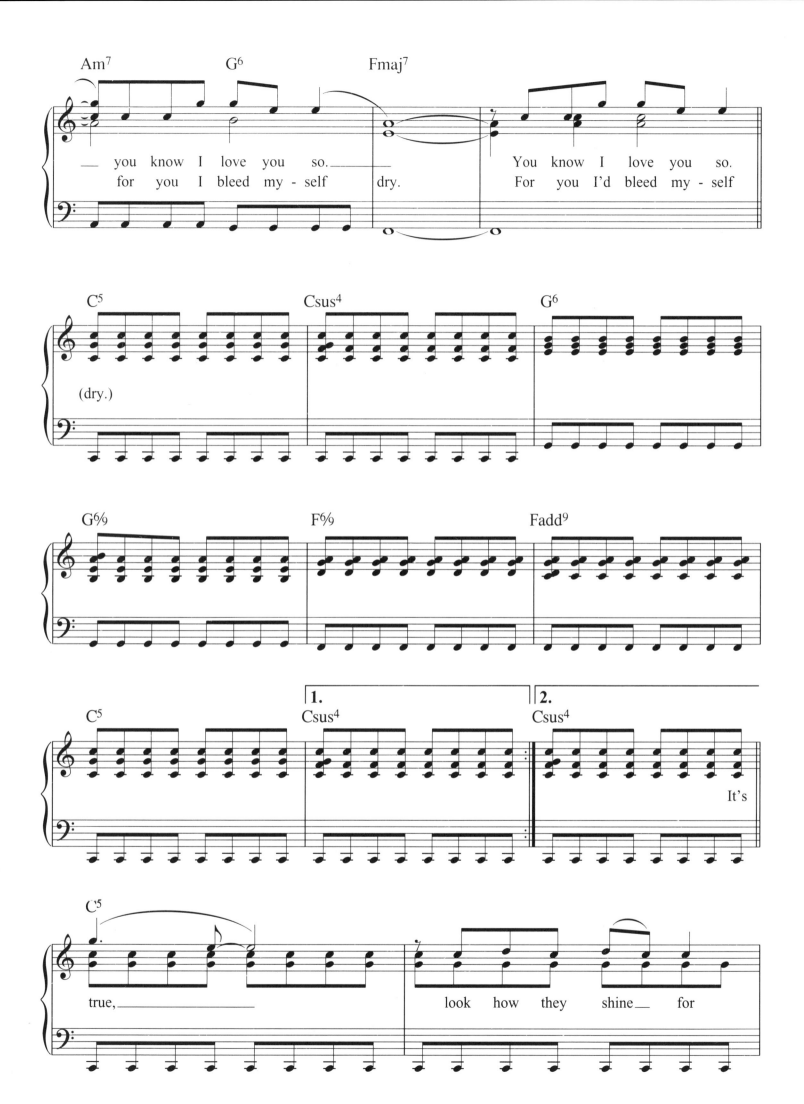

you know I love you so.
for you I bleed my-self dry.

You know I love you so.
For you I'd bleed my-self

(dry.)

It's

true,_____ look how they shine___ for